고요히 달려온 하현달

강태훈: 제주도 서귀포시 표선 출생으로, 32년간 공직 생활 동안 남제주군수(민선, 재선), 제주도청 내무국장, 남제주군수(임명), 제주특별자치도 지역경제국장, 개발국장, 공보관 등을 역임. 2009년 〈서울문학인〉 신인상 등단, 시집『멀구슬나무에게 그리움을 묻다』,『어머니와 바릇잡이』,『군자란 꽃』,『고요히 달려온 하현달』등.
- E-mail: k7278211@hanmail.net
- Mobile 010-5091-8211

다층현대시인선 172
고요히 달려온 하현달

발행일 2022년 4월 30일
지은이 강태훈
펴낸이 김동진
펴낸곳 도서출판 다층
등록번호 제27호
주소 (63211)제주특별자치도 제주시 오복5길 10, 1층
전화 (064)757-2265/FAX(064)725-2265
E-mail dc2121@empas.com

ⓒ 강태훈, 2022. Printed in Jeju, Korea

ISBN 978-89-5744-105-3 03810

값 10,000원

* 지은이와 협의하여 인지를 생략합니다.
* 본 책의 내용 전부 또는 일부를 다른 매체에 소개하고자 할 때에는 저자와 본사의 동의를 얻어야 합니다.

다층현대시인선 172

강태훈 시집

고요히 달려온 하현달

다층

* 페이지 시작과 끝부분에 〉표시는 연을 구분하는 표시입니다.

시인의 말

2021년에도 코로나19의 극성으로 모두가
지치고 우울한 한 해가 되었지만, 저에게는
아내를 떠나보내는 아픔이 있었습니다.
그리움은 그리움을 낳고 그렇게 흘러간 2021년!
임인년 새해에는,
모두가 건강하고, 모든 일에 흑호처럼 용감하게
최선을 다하는 해가 되었으면 합니다.
겨울비가 내리는데 매화꽃이 꽃망울을
터트렸습니다. 매화는 백설이 분분히 날리는
가운데 꽃이 펴야 더 운치가 있지 않나 싶습니다.
새봄이 저만치 와 있군요.
네 번째 시집입니다.
아내를 그리는 시집이 되었습니다.

玆岩 강 태 훈

차례

5__시인의 말

제1부 돌담에도 한이 서리고

11__호박꽃
12__여백(餘白)
13__돌담에도 한(恨)이 서리고
15__고요히 달려온 하현달
16__그녀의 눈물
18__보시(布施)의 머쿠실낭
19__마라도
20__풀씨
21__나와 동백나무(1)
22__골목 우동집
23__청보리밭에서
24__외로운 찻잔
25__몽돌 같은 사람(1)
26__한식날의 추억

제2부 비바리의 꿈

31__대숲 찬가
32__엉겅퀴
33__비바리의 꿈
35__목련꽃 지듯
36__착한 동네 의원
37__미나리의 향기(1)

38__추석 성묘
39__이별이라 말하지 말라
40__기생 넝쿨
41__멈춰 선 벽시계
42__오해(誤解)
43__지귀도(地歸島)
44__부엉이 우는 소리
45__새들의 합창

제3부 온돌방

49__미역 냉국의 맛
50__온돌방
51__미국에서 온 손주들
53__그리움은 그리움을 낳고— 아내를 추모하며
58__산사로 가는 길
59__조록나무(1)
60__한로(寒露)
61__늦가을에 보내는 시
62__질경이 사랑(1)
63__산사의 새벽 북소리
64__노거송(老巨松)
65__미나리의 향기(2)
66__10월 한파여
67__눈 내린 아침

제4부 일념 하나로

71__할머니와 콩나물

73__일념 하나로
74__8월 유감
75__한라산 단풍
76__노루가 뛰어놀고
77__사랑이여 어서 오라
79__와싱토니아
80__추석 여담(餘談)
81__겨울밤
82__조록나무(2)
83__질경이 사랑(2)
84__낙엽을 밟고 가면서
85__저무는 여름

제5부 당포의 겨울바람아

89__흰꽃배롱나무
90__북상하는 제주 감귤
92__만추의 멀구슬나무
93__대설(大雪) 절기
94__당포의 겨울바람아
96__나와 동백나무(2)
97__한파경보 내린 섬
98__몽돌 같은 사람(2)
99__입춘대길
100__애향운동장에서
101__가을비
102__봄나들이

해설
103__너에게 나를 보내는 서정(抒情) | 김효선

제1부 돌담에도 한이 서리고

호박꽃

호박꽃도 꽃이냐고
비아냥거리면서
촌스럽다고 손가락질해도

오히려 그 촌스러움이 수더분해서
잔정이 가는 꽃이다

샛노랗게 피는
매력적인 통꽃

보름달 같은
튼실한 열매를 키워내는
넉넉한 넝쿨을 보라

후덕한 사람처럼
볼수록 여유가 있고

풍요로운 자태에
경이감마저 드네

*호박이 넝쿨째 들어온다는 횡재를 뜻하는 속담도 새겨들을 일이다.

여백(餘白)

여백은 그저 비어
있는 공간이 아니라

마음의 여유와
배려의 상징이다

나눈다는 것이
어려운 일이거늘

단아한 마음속에
착한 소망이 담기네

너무도 순수한
무한 사랑 속에

비움이 열어주는
아름다운 보시(布施).

돌담에도 한(恨)이 서리고

어딜 가도 돌담으로 이어진 골목
묵묵하게 상처를 이겨낸 흔적이
고스란히 길이 되었다

억척스럽게 살아온 곳이
해원(解冤)의 장이 되고
생활의 쉼터가 되기도 했다

영등굿이 열리는 신당(神堂)이며
해녀의 삶이 묻어나는 불턱

무사 안녕과
풍요를 기원하고
편안하게 휴식을 안겨주는

겹겹의 쌓은 돌담이
둘러선 병풍처럼
든든한 울타리가 돼주고 있다

고된 생활의 푸념 감싸 안고
들려오는 바람 소리며 파도 소리

푸른 하늘 아래 살아 숨 쉬듯
비가 오나 눈이 오거나
만고에 지엄한 자태의 흑룡만리여.

* 불턱: 해녀들이 언몸을 따뜻하게 하기 위해 불을 지펴 쬐는 바닷가 바위 위에 돌담을 둥그렇게 쌓아 둔 곳

고요히 달려온 하현달

봄날처럼 포근한
모두가 잠든 이른 새벽

초가지붕 위에 반달이 걸려 있었다

반달은 아무도 모르게 눈물을 접어놓은 흔적

동쪽 하늘에서 떠서
고요히 달려온 하현(下弦)달이었다

보는 이 없는 자정에 떠서
새벽길을 총총(悤悤)하게 달려온 얼굴

그렇게 환하지는 않게
그러나 외롭지는 않게

내 마음 가는 곳 따라
살갑게 손 흔들고 있다

그녀의 눈물

벚꽃이 활짝 필 무렵
병원 응급실로 실려 갔는데

꽃잎 지고 푸른 잎 무성해도
병실을 떠나지 못하고

창은 그저 창일 뿐
사각의 틀에 갇혀 있는 풍경일 뿐
아름다운 것들은 다 멀리 있습니다

어디서 언제 보아도
하늘은 높고 푸릅니다

바람 따라 구름도 흐르고
마음도 둥둥 어딘가로 흘러가고

자연은 늘
아름다운 기운이 넘쳐납니다

병원을 제집 드나들 듯
한평생을 살아온 그녀가

오랜 삶의 연륜에서
얻은 집념이 있다면
무너지지 않고 굳세게 버티는 일입니다

〉
그녀의
오롯한 단 하나의 바람

저 아름다운 산과 바다
자연 속으로 소풍 가듯
가벼운 마음으로 여행을 떠나는 것

아! 몸 안의 오랜 상처
죽어서 사그라들지도 모를
저 내밀한 고통의 연속은

계절이 숱하게 바뀌어도
돌의 무딘 성질같이
더디기만 한 치유

숱한 메스와의 경쟁에서
숨 가쁜 승리자가 되어

놀의 무게처럼 신중하게
내리는 눈송이처럼 소리 없이

병마와의
끈질긴 투쟁만이 살아있을 뿐입니다.

* 2021.4.7 아내의 대학병원 병실에서
* 그로부터 7일 후인 4월 14일 이른 새벽 아내는 끝내 운명하고 말았습니다.

보시(布施)의 머쿠실낭
— 멀구슬나무에게 그리움을 묻다 12

수많은 나무 중에서
멀구슬나무를
좋아하는 이유가 있다

듬직한 덩치
무수한 이파리에
싱싱하고 세세한 보랏빛 꽃들

한겨울에는
겨울새들의 먹이를 위해
모든 이파리를 떨궈버리고

나목이 되면서까지
신선하고 고운
열매를 매달고 있다

낭이여, 모든 것을 내어주는
보시(布施)의 머쿠실낭이여
포근한 이웃집 삼촌 같은 나무.

* 머쿠실낭: 멀구슬나무의 제주어

마라도

최남단
섬의 섬 마라도

풀 한 포기
돌멩이 하나도

바람 소리
파도 소리를 먹고 산다

가파도 좋고
마라도 좋은

섬 사람들의 인심
섬이 외롭지 않은 이유다.

* 가파도 좋고 마라도 좋다: 제주도에서 흔하게 회자(膾炙)되는 말

풀씨

높고
맑은 푸른
가을 하늘 아래

잘 여문 풀씨
멀리 저 멀리
사랑을 가득 싣고

풍선 날아가듯
훨훨 신나는
여행을 떠나가요

바람길 따라
오늘은
양지바른 들녘에

내일은 귤 익는
밀감밭 넘어
청량한 오름으로.

나와 동백나무(1)

한겨울 생(生)을
넘쳐나게 피워내는

내 분신처럼 자란
정감 어린 동백나무

젊은 시절 앞뜰에
토종 동백 한 그루를 심었는데

이제는 내 키보다 아주 크게 자라
든든한 상징목으로 자리 잡았네.

골목 우동집

부부가 나란히
단출하게 주인과 종업원

내부가 비좁지만
아담하고 쓸모 있게 꾸며졌네

괜찮다 괜찮더라
착한 가격에
맛도 어머니의 손맛

나비가 꽃향기 찾아가듯
음식도 음식다워야 하나니

음식 소문도
바람 따라
천 리를 간다는데.

청보리밭에서

파란 하늘 아래
저기 단내나는
싱그러운 청보리밭을 보라

아름다운 풍경
그 속에서
눈을 들어 하늘을 보면

바람 따라
싱싱한 자연의 숨결 따라
약동하는 젊음이 넘쳐나네

흑룡만리 돌담의
굳은 표정에도
살가운 기운이 역력한데

넘실대는 청보리밭에는
초록빛 사랑이 움트면서
초록빛 열정이 활활 타오르네.

외로운 찻잔

아침이면
눈인사로
찻잔을 부딪치며

나누던 인사가 있다
"오늘도 건강 합시다"

둘이 살다
어느 봄날

찻잔 하나만 덩그러니 놓여있네

그림자가 곁에 앉아
있는 사람 흉내를 내는데

찻물은 줄어들지 않고
어둠이 와서 고이네

몽돌 같은 사람(1)

사람을 몽돌에
비유할 수 있을 것인가

줏대가 없는
우유부단한
부정형 인간으로

아니면
세상 더불어
둥글게 둥글게

원만하게
바른길을 가는
모나지 않는 사람으로

몽돌도 가진 이름이 많다

한식날의 추억

어제는 청명이요
오늘은 한식일
반세기 전까지도
한식 명절을 지내던
때가 있었다
보릿고개가 눈앞이라
먹는 문제가
심각했던 시절인데도
정신 건강만은 건전했고
서로 협동하는 노력이 앞섰으나
모든 사회구조가 정상이기보다는
너무나 많은 것 아쉬움 그 자체였다
슬픔이 절망의 물음만은 아니다
희망의 다짐이 세상을
맑고 푸르고 건강하게 키워나갈 때
새로운 도약의 출발점일 수 있다
말과 행동에 믿음을 가지고
최선을 다할 때
따라서 바른길은 열리리라
한식날 조상의 무덤을 찾아가며
너 나 할 것 없이
맞이하고 가야 할

인생 후반의 길에 서서
바람 소리 새소리 벗 삼아
다시 한번 생의 앞날을 그려본다.

제2부 비바리의 꿈

대숲 찬가

대숲에 스치는 시원한 바람은
자연이 선사해 주는 청량제여라

자연과의 소통에서 느끼는
상쾌한 치유력 닮은 감동 속에서
굳센 생명력과 높은 기개를 보았는데

푸른 하늘을 향해 힘찬 기세로
겁 없이 쑥쑥 자라는 죽순
그 성장 속도를 누가 부정하리오

돌담에 부서지는 달빛도 곱지만
신선하고 청초한 모습에서
절조(節操)가 생명인 선비를 닮았네

댓잎에 맺는 영롱한 이슬
차 한 잔의 상큼한 죽향(竹香) 앞에서
그 맛과 향기를 어찌 모르겠다 하리오.

엉겅퀴

여름철 작열하는 태양 아래
살랑대는 미풍의 도움 속에

매혹적인 자줏빛 얼굴
정열적인 통꽃으로 피어나

풀꽃과 키 재기 하느라
비범한 자세로 웃고 섰네

너무나 강한 생명력으로
뾰족한 가시를 방패로 삼아.

비바리의 꿈

지난날 제주에서는
처녀를 비바리라 불렀다
고되고 벅찬 삶의 대명사처럼

바다에 나가
파도와 싸우며
물질하는 해녀로
섬 여성의 야무진 상징이었다

건강한 비바리 해녀는
집안 살림의 버팀목이었고
총각들 선망의 대상이기도 했다

바람 잘 날 없는
거친 바다에서
가꾸고 키워온
비길 데 없는 발랄한 젊음

그들의 싱싱한 얼굴에서
신선한 미소와
굳센 의지를 느낄 수 있었다

그러나 해녀의 역사는
굴곡진 섬의 역사처럼
너무나도 가슴 아픈
삶의 기록임을 알아야 하리라

외롭고 쓰라리고 힘든
삶을 살아오면서 역경과
시련이 점철된 도전이었다

그리하여 오래오래 보존되고
전승되어야 할 그 이름 비바리.

* 비바리: 처녀의 제주어, 바다에서 해산물을 채취하는 일을 하는 처녀

목련꽃 지듯

목련꽃 잎 찬 바람에
흩날리며 울던 그 날

고되고 지친 생활에
마음을 달래던 그녀

"목련꽃 지듯
아쉬움만 남기고
가버리면 어쩌나요?"

"어서 힘을 내야지요,
내일의 삶을 위해"

여보, 젖어 드는 슬픔도
타는 눈빛으로
시련도 이겨내야 하고

우리의 사랑도
백목련처럼 순수하고

그리고 언제까지나
아름답게 꽃피우면서
영원처럼 살아야 하리라.

착한 동네 의원

아침 일찍부터 환자들로
문전성시를 이루는
동네 착한 내과의원

아침에 일찍 접수해야
진료를 쉽게 받을 수 있다

미소와 친절이 몸에 배어있는
어머니처럼 포근한 희 원장님!

의술도 경험도 풍부한 데다
차별 없이 정성껏 베푸는 의술

인정이 메말라 가는 세상에
환자들에겐 참된 진료로
정을 나눔이요 봉사인 것이다

친절한 동네 의원
살맛 나는 동네
건강도 일등의 동네가 되리라.

미나리의 향기(1)

물을 매개로
싱싱한 얼굴과
산뜻한 향기로

봄날을 알리는
초록 식물 미나리

푸짐한 삼겹살 맛을
더욱 신선하게 해주며

아삭한 맛깔로
식탁을 즐겁게 하네

언제나
맑고 산뜻하게
정화된 푸르름으로

오감을 풍성하고
상큼하게
그리고 알싸하게 열어주네.

추석 성묘

오랜 세월이 흘렀네
말없이 늘어선 영탑들
가을 햇살에 숙연해지고

산사의 입구 초입
인자한 지장보살상 앞

여기 잠드신 어머니의
정감이 서린 목소리
소슬바람에 묻혀오고

영탑의 상징처럼
깊게 정이 들면서
무심히 하늘을 보네

남쪽 영탑에서 바라보는
울긋불긋 빼어난
한라 영산의 산세

한 폭의 수채화처럼
너무나도 수려하고 장엄한데
영봉엔 흰 구름 한 자락 머물고.

이별이라 말하지 말라

영원한 이별이라 말하지 말라
흐르는 강물 같은 인생 여정

하루가 시작이요 하루가 끝인
알 수 없는 운명의 종착역에서

기약 없는 이별이라 말하지 말라
하루가 멀게 퍼지는 마음의 상처

산호 같은 저녁노을처럼
익어 가는 벼 이삭 같은 인생이

바늘에 실처럼 꽂혀가는 연륜
생명의 세월이 흔적이 아니런가.

기생 넝쿨

육신이 멀쩡한데
왜 남에게 빌붙어 사는가

소나무 송담 같은
더부살이
넝쿨이 되지 말고

떳떳하게
자력으로
혼자서 가는 길

건강한 생태요
얼마나 의젓하고
자랑스러운 삶인가.

멈춰 선 벽시계

벽시계가
가다 말다
길 잃은 강아지처럼 낑낑대길래

배터리를 갈았더니
목적지가 생긴 것처럼
째깍째깍 제 갈 길을 가는데

인생에도 배터리를 갈아 끼우면
시들던 심장이 다시 뛰면서
새봄을 맞았으면

꽃 피고 새 우는 소리 째깍째깍 들려오고
맞잡은 두 손을 째깍째깍 흔들어대며

시계는 그렇게 하나의 지구가 되고
지구는 어머니 손에서 째깍째깍 돌아가고

오해(誤解)

말도 말하기 나름이고
행동도 생각하기 나름이니

주변 사람들
나쁜 말은 더 보태져서
마음의 상처에 소금을 뿌리고

매사에 부정적이거나
아니면 말고 식의 생각
가볍고 건방진 처신으로

이웃 간에 또는 친구 간에
심지어 가족 간에도
사소한 일로 오해가 생겨
곤혹스럽게 하는 일이 허다하다

대저 오해는 이처럼
분별없는 언행과 아집
뜬소문에서 비롯되므로

서로를 배려하고
신의를 지키면서 불신을 없애
정을 나누고 서로 이해하는 것
그게 오해 없이 사는 길이 아닌가.

지귀도(地歸島)

바다에 뜬 섬
봉긋하게 솟아올라

바다로 돌아가라고
파도가 소리쳐 우네.

부엉이 우는 소리

숲속에서
부엉부엉
부엉이 우는 소리

모두 잠이 든
고요한 밤에

길게 우는 사연
임 그리워서일까

한밤중에
홀로 우는 소리

귀 기울이던
산사의 외진 방에서

가슴에 와닿았던
묘한 감동을
아직도 잊을 수가 없네.

새들의 합창

어슴푸레 동이 틀 무렵
새들의 합창으로
숲속의 산사는
화들짝 깨어나고

새벽부터 사람들보다
먼저 부지런을 피우더니

아늑한 숲에서
구성진 노래가
간단없이 정답게 들려오네

어느새 여름철
길고 긴 하루해도
저물어가면서
새들도 둥지를 찾아드는데

짧은 여름밤도
눈에 보이게
점점 깊어만 가고

산사도 나무숲도

영원처럼 고요히
어둠 속으로 묻혀가네.

제3부 온돌방

미역 냉국의 맛

여름철뿐만 아니라
눈 내리는 한겨울에도

입맛을 당기게 하는
신선하고 순수한
전래의 알싸한 미역냉국

갓 지은 보리밥에
숭숭 썬 오이를
더한 오이미역냉국의 맛

생각만 하여도
속이 후련할 정도로

식욕을 북돋아 주는
감칠 맛 나는 환상의 궁합이요

건강한 삶을 열어가는
시원한 보양식으로
사랑을 받는 상큼한 음식이네.

온돌방

따뜻한 아랫목이
그리운 계절이네

구들방에
쉐똥 말똥으로
굴묵을 때던 시절

언제나 뜨뜻한
아랫목은
어린 자식들 차지였다

처마 아래 제비 둥지처럼
어머니의 품속 같은 곳

저냑 네 피어오를 때면
저슬 온돌방 생각이
나도 모르게 절로 난다.

* 구들방: 사람이 거처하기 위하여 구들을 놓고 불을 때게 만든 온돌방
* 쉐똥: 소의 똥
* 굴묵: 구들방에 불을 때게 만든 아궁이
* 뜨뜻한: 따뜻한
* 저냑 네: 저녁 연기
* 저슬: 겨울

미국에서 온 손주들

혈연이 이런 것인가
3년여 만에 보는 정답고
보송보송한 손주들 얼굴

이십 대에 들어선 여대생으로
키가 훌쩍 열아홉 튼튼남으로

여름 방학에
고국을 찾아온 것이다

미국에서 나고 자랐지만
부모들 덕에 우리말에 익숙하다

이들에게 고국이란 어떤 의미일까?
다시 찾고 싶은 마음은 어디서 오는가

"고국은 언제 찾아와도 좋아요.
한국이 자랑스럽거든요."

폭염과 코로나로 불편한 생활이었지만
그런대로 한 달을 재미있게 보냈다며
눈물을 글썽이면서 떠나갔다

〉
 "식사 잘 챙겨 드시고, 항상 건강하세요."
너무나 아쉬운 손주들과의 이별이었다.

그리움은 그리움을 낳고
— 아내를 추모하며

그리움의 사전적 정의는
"보고 싶어 그리는 마음"이라고 했습니다

보고 싶은 소중한 사람을 애타게
그리워하는 마음의 표현이겠지요

간절하게 아쉬움이 더해가면
그리움은 그리움을 낳는 법

부부로 오래 살다 보면
서로 닮아 간다고 했는데

그녀의 순수한 마음을 헤아리지
못한 것 후회가 막급(莫及)합니다

자신의 운명이 예측돼서인지
지난 일들에 대해 사소한 것까지
추억을 떠올리는 날이 많았습니다

십여 년 전에
아들이 사는 미국에 갔다가

캐나다 여행을 다녀오는 길에

어느 폭포 주변에서
조약돌 몇 개를 주워 왔습니다

주운 장소와 날짜를 적고
기념으로 보관하고 있었는데

"여보, 그때 주어온 조약돌 생각이
갑자기 나네요."

"아, 조약돌은 집에 그대로 있소,
미국에 있는 손주들 생각이 나서이겠지요."

"여보, 또 당신이 정원에 기념으로 심은
동백나무 잘 관리해야 합니다."

"고맙소, 너무 걱정하지 마세요."

십여 일이 지난 어느 봄날 늦은 밤
아, 그녀는 한마디 말도 남기지 못한 채

흘러가는 바람처럼 구름처럼
돌아올 수 없는 먼 길을
기어이 떠나가고 말았습니다

그녀는 독실한 불교도였습니다.
그녀가 간 곳은
부처님의 가피력으로
피안(彼岸)의 세계라고 믿고 싶습니다

지척에 있는 고향 마을도
그렇게 가고 싶어 했으나
몸이 좀 나아지면 가자고 했었는데
끝내 가지 못해 그저 서운함뿐입니다

같이 살아온 반백 년이 넘는 세월!
아쉬움과 절망만이 눈앞을 막았습니다

너무나 길고 긴 세월을
온갖 질병과 싸워온 끈질긴
투병의 여생을 끝내 마감한 것입니다

타고난 운명이 야속해서일까요
와병 중에도 미안하다는 말
항상 짐처럼 지고 살았던 가엾은 아내!

운명론자는 아니지만 많은 세월에
걸쳐 병고에 시달리다 보니
자조(自嘲)의 말을
자주 하게 되었던 것 같습니다

산에 들에 귀여운 야생화 군락
물소리 새소리 벗 삼아
여기저기 지천으로 화사하게 피었구려

너무나 아름다운 꽃이지만
달도 차면 기울듯이 예쁜 꽃들도
낙화의 운명은 피할 수 없는 것

세월은 가고 또 가고
그렇게 가는 세월 따라
또한 망각의 시간도 다가올 것입니다

생전에는 생각하지도 못했던 일들이
막상 눈앞에 닥치고 보니

그녀에게 못다 한 정이
아주 영원히
여한(餘恨)으로 오래오래 기억될 것입니다

그러나 이렇게 알 수 없는
사별의 아픔과
슬픔은 어디서 오고
어디로 가고 있는 것일까요

그대여! 부디
무거운 짐을

홀가분하게 내려놓고

자비의 품속에서
영겁의 세월 평안을 누리소서
여보 사랑합니다
생명 다하도록 기억될 것입니다.

산사로 가는 길

소나무 숲길 따라
산사로 가는 길

퍼붓는 함박눈
바람은 잠시 휴전인가 보다

우산을 쓰고
바랑을 메고
혼자서 가는 길
길은 어느새 사라지고

은은하게 들려오는
산사의 저녁 북소리

초발심의 다짐으로
제행무상을 생각해서인가

밝음은 어둠에서
온다는 것을 일깨워주듯

갈 길은 멀었는데
어둠은
지체 없이 밀려 왔다.

조록나무(1)

대문을 향해
수문장처럼 서 있는

수령 200여 년이 넘는
상록 활엽
조록나무 한그루

언제 보아도
겹겹이 자란 가지며

잎새들이
고목답게
고풍스럽고 옹골차나

* 쌍떡잎식물 장미목조록나무과의 상록교목. 잎벌레혹나무, 조록낭, 조로기, 조로기낭으로 불림. 원산지 한국(제주, 완도), 일본 등

한로(寒露)

찬 이슬이 맺힌다는
열일곱 번째
가을 절기 한로

가을이 깊어가면서
노랗게 황국이
무르익어가고

* "가을 곡식 찬 이슬에 영근다"
했으니 추수할 날도 멀지 않았네

겨울을 알리는
기러기 울며 날아왔다는
소식은 아직 없구나.

* 한로에 관련된 속담

늦가을에 보내는 시

기척 없이
스쳐 가는 바람의 여운

늦가을 저녁 풍경이
오늘따라 너무나 스산하네

나이가 들어가면서
때도 없이 초라해질 때가

가장 심각하게 고민하고
사고하는 시간이 되는가

은빛 억새가
어느새 하얗게 물들었는데

끝내 허무하게
느껴지는 빈손 인생길

아쉬움만 남겨둔 채
잠 못 드는 밤이면

홀로 별빛 따라 띄우는
여정 풀 길 없는 사연을.

질경이 사랑(1)

야무지고 강인한 식물로
주로 길 따라 자리를 잡아

숱한 짓밟힘을
당하면서도 좌절하지 않고

온갖 역경 속에서도
강인하고 모질게 살아가네

끈질긴 생명의 야생초
말 없는 당찬 모습을 보며

은밀하게 무한한
연민의 정을 가득 담아

변치 않는 야성(野性)에
진정한 애정을 보내고 싶다.

산사의 새벽 북소리

산사의 새벽이
둥둥 북소리로
은은하게 열리면

우리 모두에게
몰입할 수 있는 시간이며
자아 성찰의 시간일 수 있다

크게 울려 퍼지는 북소리
아름답게 자연을 품는 소리

북소리가 멀리
저 멀리 퍼져나갈 때
우리 모두의 마음도 열리고

마음의 장벽도
와르르 무너지려 하는데
대덕(大德)들의 마음은 어땠을까

북소리여 묵직하게
지혜롭고 편안하게 울어라
향기롭고 맑게 울려 퍼져라
좋은 아침 신선한 자연 속으로.

노거송(老巨松)

소나무에 붙는
힘찬 기상은
별로 느끼지 못하지만

애향 운동장 서남쪽에
쌍둥이처럼 서 있는
두 그루의 아름드리 푸른 노거송

여름철엔 시원한 그늘을 제공하고
뭇 사람들의 운동 도구로도
단단히 한몫을 담당하고 있는데

운동장에서 노거송이 되기까지
세찬 비바람을 이겨내는 등 숱한
시련을 감내해온 세월이 있었으리라

사방으로 뻗은 굵은 가지들이
뒤틀리고 혹이 생긴 오랜 상흔들

세월이 안타까운 듯
듬직하고 기개 있는 자태가
너무나도 튼튼하고 자랑스럽다.

미나리의 향기(2)

언제나 살아 숨 쉬는
여러해살이풀로

흙탕물에 물들세라
자정의 끈을 놓지 않고

삼백예순 날
청정한 연꽃처럼
깨끗한 삶을 유지하네

우리 모두
이처럼 산뜻하게
자정력을 키워나갈 때

푸르러 가는 숲처럼
맑게 솟는 샘물같이
세상은 날로 새로워지리라.

10월 한파여

64년 만의 기습한파
무르익는 10월 단풍을
여지없이 삼켜버리고 말았네

영하의 추위 속에
한라산엔
상고대가 활짝 피어

청명한 하늘 아래
하얀 눈꽃 세상이 펼쳐져
가지 못하게 마음을 붙잡고 있네

여름 내내 키워온
결실을 수확하는 계절 가을

번잡한 여름과
한적한 겨울 사이에서
시간을 충전할 시기인데

여름과 겨울에 떠밀려
본 듯 못 본 듯 사라져버리고

수확의 기쁨 누릴 여유도
없는 촉박한 계절이 되어가네.

눈 내린 아침

청양고추
보다도 더 매운
한파를 몰고 왔네

눈이 내린
아침은 말 그대로
온 섬이 하얀 설국

코로나19로
멍든 세상도
이처럼 깨끗해졌으면

포근한
어머니의 품처럼
자연이 안겨주고

자연이
베풀어 준
마음의 안정 더불어

평화의 상징 같은
밝고 따뜻한 세상이네.

제4부 일념 하나로

할머니와 콩나물

반세기가 훨씬 넘었으나 아직도
잊을 수 없는 추억으로 남아 있다

신선하고 구미가 당기는
예부터 전승되어온 건강 식재료로

농가에서는 콩을 재배하고
직접 집에서 만들어 먹었다

할머니는 옹기그릇에
대두콩을 넣어 안방 구들
따뜻한 아랫목에 이불을 덮고
물을 주며 알뜰하게 키웠는데

초겨울 어느 날 구들방에서
혼자 놀이를 하다가
이불이 덮여있는 옹기그릇 위를
그만 무심코 밟아버린 것

쟁그랑 그릇 깨지는 소리가 들렸다
콩나물 재배 그릇이 박살이 난 것이다

그릇이 깨진 후 어떻게
그 고비를 넘겼는지
기억이 나지 않는다
지금도 할머님에게 죄송한 생각밖에.

일념 하나로

아무 생각 말고
저 숨비소릴 들어라

어린 자식들에 대한
일념(一念) 하나로

이제껏
바다에 의지하던 몸
목숨을 담보하고서

세차던 바람이
잠재우듯
위로하며 스쳐 가더니

어느새
일렁이던 파도가
크게 한숨을 멈추었네.

8월 유감

너무나 기다렸던
한여름 8월의 낭만
무더위와 검푸른 바다

그러나 2021년 여름은
너무나 지치고 힘들었다

코로나의 위기, 찌는 폭염,
집중호우와 산불 등의 재난

신음하는 환경을 생각하며
괴로워하는 사람과 사람들

빨리 지나기만을 바랐던
고난과 상실의 계절인데

이제는 실망에서 벗어나
젊음의 팔월
역동의 계절이여
힘차게 외치자 다시 오라고!

한라산 단풍

십일월 초입
만추의 한라산에는

늦가을의 단풍으로
온통 만산홍엽 물결이네

시월 한파를 겪어서인가
다시 바라보는 한라 영산

울긋불긋 완연한 단풍이
너무나 곱게 내려앉았구나

봄꽃보다 아름다운 것이
가을 단풍이라고도 했는데

한라산은 올가을 들어
두 번의 풍광을 선사하네

시월 한파 때의 상고대며
만추의 저 무르익는 단풍을.

노루가 뛰어놀고

남국선원의 영탑에도
5월의 신록이 짙어가고

영탑 내의 풀밭에는 눈망울이
초롱초롱한 노루들이 한가롭다

사람의 기척 소리에 놀랐는지
잠수정이 잠망경을 위로 내밀 듯

풀 위로 긴 고개를 불쑥
쳐들어 내밀다 이내 풀을 뜯는다

아, 이들도 영혼이 잠든
영탑을 아는지 무사태평이구나

어느새 노을이 붉게 물들고
영탑은 호젓한 풍경이 되어

산새 소리와 더불어
어둠 속으로 서서히 묻혀갔다.

사랑이여 어서 오라

반백 년 넘게
한 몸처럼 살다가
어느 날 외톨이가 된 것

아, 혼자 되고 보니
즐겨 보던 황금연못*도 가고

그래 외로움은
당신이 가져가야 할 것을

그냥 남겨두고 갔으니
남겨진 나는
마냥 그리움에 섞어 있네

어찌 마음이 시리지 않으랴
마르지 않는 눈빛으로
사랑이여 어서 오라

붉게 핀 동백꽃을 보라
처음엔 키워준
나무에서 피어나더니

다음엔 나무를 길러준
흙 위에 떨어져 피어나서

그리움에 젖은 마음을
마냥 어루만져 주고 있더라
어찌 갸륵하다 아니 하리오
사랑이여 어서 오라.

* KBS 주말 인기 프로 명

와싱토니아

아파트 관리사 옆에
키다리 와싱토니아
두 그루가 우뚝 서서

언제나
쉼 없이 부는
바람의 세기와

바람의 방향을 알려주는
풍향계 역할을 하고 있네.

추석 여담(餘談)

풍요롭고 넉넉하고
마음 설레게 하는 추석 명절

코로나19라는 역병이
세 해째이고 보니
너무나 불안한 이름이 되었다

맑고 시원한 가을 하늘 아래
탐스럽게 익어 가는 열매들

순백의 들국화
바람 따라 부르는
젊은이들 흥겨운 노랫소리

휘영청 보름달을 바라보며
힘든 세월 탓만 말고 참고 견디자

어둠이 지나면 밝음이 다시 오듯
*내일은 내일의 해가 뜬다 했으니.

* 마가렛 미첼, 「바람과 함께 사라지다」에서

겨울밤

긴긴 겨울밤
고요함 속에서
느껴 보는 적막감

오랜만에 붓을 들어
먹을 갈고 유유히
세월을 쓰고 사랑을 쓴다

한라산엔
폭설이 내린다는데

금방이라도
눈이 쏟아 질듯
하늘이 잔뜩 찌푸려 있다

겨울밤도
깊은 잠에 빠져들었다

백설이 분분하게
날리는 밤이 되고

그리고 앞마당에는
소복하게 눈이 쌓인
아침이 되었으면 좋겠다.

조록나무(2)

초록 잎새마다
벌레집 같은 흔적
옥에 티라고 나무라겠지만

한겨울 눈보라에도
여름철 태풍에도
변함없이 유유자적하네

주로 냇가에서 자라면서
너는 알리라
4.3으로 피해가 컸던
가시마을의 비참한 사연들을

30여 년 전
산북으로 이사와
우리 집 마당의 터줏대감이 되고

그렇게 세월은 흘렀어도
어쩌면 그때의 일이 이제
떠오르는 것도 묘한 인연 같네.

질경이 사랑(2)

이파리와 뿌리로만
누운 채 하늘만 쳐다보고

아, 푸르름을
더해가는 저 질긴
생명력을 누가 막을 것인가

억압받는 민초의 상징으로
사랑받는 진정한 야생초로

굳건하게 살아가면서
치유의 약풀로
오늘도 해 뜰 날을 기다리네.

낙엽을 밟고 가면서

너도 이제
한 철 다 보내고
땅속에 묻히려나 보다

심란하게
떨구고 가는 소리

먼 산 바라보며
지나쳐가지만 모두가
세상에 단 한 번뿐인데

세월을 산 날이 다하면
언젠가 가야 할 길이리라

낙엽을 밟고 가며
뿌리로 돌아가는
자연의 순환 질서를
마음 깊이 새겨본다.

저무는 여름

저무는 여름에
여름철을 생각나게 하는
주변의 가까운 식물 이야기

한여름 내내
폭염과 폭우 속에서도
진흙 속에 뿌리를 묻고

빼어난 자태로
주로 여름철 한낮에
다양하고 화려하게 피는 꽃

개화와 동시에 열매 맺는
인과(因果)의 향기로운 연꽃이여

기승을 부리는 더위에
시원한 그늘을 만들어
편안한 쉼터를 제공하고

신선한 자연풍을
아낌없이 선사해 주는데

멀구슬나무의 숱한 열매는
다산(多産)의 상징으로
출산이 저조한 현실에서
시대의 소명(召命)으로 떠올랐나

언제나 정감이 가는
자연의 풍경이요 얼굴들이다.

제5부 당포의 겨울바람아

흰꽃배롱나무

흰꽃 배롱나무
한여름에도

함박눈이
살포시
내려앉았는데

의관을 정제한
선비들처럼

더위도 잊은 채
신선한 꿈을
달고 사나 보다.

북상하는 제주 감귤

해마다 이상기후 탓인지
여러 재배 작물이 서서히
한반도 중부지역까지

기온 따라 계절 따라
눈에 보일 듯 말듯
북상이 거듭되고 있네

한라봉은 남해안을 거쳐
이제는 전라북도
지방에서도 재배되고 있고

사과도 주산지가 서서히
강원 북부로 옮겨지고 있네

제주에서는 열대 과일이
벌써 재배되고 있는데

아, 제주 특산 감귤도
온난화에 따라 중부지역까지
재배되는 날이 오게 되면

다른 과수목도 머지않아
기온과 기술 정도에 따라
재배지가 전국으로 번져가겠구나.

만추의 멀구슬나무
― 멀구슬나무에게 그리움을 묻다 13

가을이 점점
깊어가는데
오래된 낙엽교목이

무수한 이파리와
설익은 열매를 버겁게
매달고 무심하게 서 있네

봄철에 잎이 늦게 나와
연보랏빛 꽃도 늦둥이이지만
촘촘히 피워내느라 열성이었다

늦가을 볕 아래서
떨구는 잎새들 바람에 흩날리고

열매가 색깔을 입혀 가며
노랗게 여물어 가면

눈 내리는 겨울
먹이 찾는 새들에게
한겨울 내내 착한 양식이 되리라.

대설(大雪) 절기

참새들까지도
대설 날 아침에
눈이 내리기를 기다리나 보다

겨울이 시작되고
가장 눈이 많이
내린다는 절기인데도

눈은 오지 않고
성산포에는 때아닌 봄꽃

노란 유채꽃이 활짝 폈는데
계절도 제철을 잊는가 보다

눈이여! 펑펑 내려라
그리하여 새해엔
풍년이 들었으면 좋으련만

눈은 보리의 이불*이라는데
마을 입구 쪽 밭에는
보리 싹이 상큼하게
콩나물처럼 쑥쑥 자라고 있다.

* 한국 속담

당포의 겨울바람아

표선리 당포
매서운 바람 따라
눈보라가 휘날린다

정박한 어선 돛대에
갈매기 한 쌍이 앉아 있다

테우가 드나들던
백사장 쪽 포구에는
그 옛날 추억이 서려 있는데

싱싱한 자리돔을 안주로
소주잔을 주고받던
가고 없는 그리운 벗들 모습이

지금은 그 포구도
친구들처럼 사라지고 없네
벌써 반세기가 흘렀네그려

한적했던 작은 어촌이
밤이면 불야성을 이루는 도시

검게 일렁이는 파도여
지나간 세월이 그립다 노래하라

외롭게 서 있는 돌하르방 너머
한라 영봉엔 잔설이 눈부시고.

* 테우: 육지와 가까운 바다에서 자리돔을 잡거나 해초 등을 채취할 때 사용했던 통나무 배로 '떼배, 터위, 테' 등으로 불림.

나와 동백나무(2)

매서운 한파에도
아름답고 청순한 꽃을
핏빛으로 피워내고

분분한 눈발 속에서도
느긋한 꽃 내음이
동박새를 불러오게 하네

그리고 싱싱할 때
꽃송이째 툭툭 떨어져
다시 핀 꽃 같은 순수의 꽃

그 옛날
가시마을에 있었던 집에
4.3때 비명에 가신 아버지가
정원수로 키우셨던 동백나무처럼

그 동백꽃이 이제는
4.3의 상징 꽃이 되었네

운명처럼 정이 가는
담벼락에 기대선
사랑과 열정의 늘 푸른 동백나무.

한파경보 내린 섬
  ― 2021년 1월 초순 제주에 57년만의 한파와 대설 경보

기상특보에 따라
일비일희하는 섬의 운명

한파와 폭설로
온 섬이
하얗게
눈 덮인 섬이 되더니

하늘길도 막히고
바닷길도 막혀
절해고도가 되고

잠시나마
적막강산(寂寞江山)처럼
외톨이가 된 느낌이었네

아, 덩달아 폭설에 갇혔을
노루들이며 조수들 운명

그들의 무사 안녕에 대한
바램은 모두가 한마음
섬 주민의 느끼는 공감의 뿌리.

몽돌 같은 사람(2)

수천 년의 세월을
비바람 더불어

깎이며 내몰리고
이리저리 휘둘리며

거친 세상을
살아오다 보면

분별없고 원칙 없는
사람이 될 법도 하고

돌의 표정을
누가 자세히 알랴마는

굳건한 강철 같은
사람이 될 만도 하리라.

입춘대길

새봄 입춘
전날 밤을 '해넘이'라 했으니
새해 첫날이나 다름이 없구나

입춘대길
따스한 날씨 더불어
길운을 몰고 왔으니

사랑도
아랫목처럼
포근하게 감싸주어라

봄을 알리는
홍매화 꽃망울 소식 더불어

보리밭에도 파릇파릇
초록빛이 완연한데

너무나 어려운 코로나 사태
용기를 가지고

아무리 어렵고 힘이 들어도
참고 도우며 모두가 넘어야 할 길.

* 입춘 전날을 철의 마지막이라고 '절분'이라 하며, 이날 밤을 '해넘이'라 불렀다.

애향운동장에서

1984년 5월 제주 최초로 열린
전국소년체전을 위해 재일본
대판 도민회가 기증한 애향운동장!

벌써 40여 년
세월이 흘러 도민들이
건강을 다지는 운동장이 되었다

애향의 뜻을 담아
이들이 운동장 입구에
세운 "애향운동장 기념탑"

무성한 나무에 둘러싸여
빛바랜 채 쓸쓸하게 서 있는 탑

이역만리 낯선 땅에서
자수성가한 재일 대판 도민들
갸륵한 애향심을 나타낸 상징탑

지금은 거의 유명을 달리했을
이들의 높은 고향 사랑의 뜻
두고두고 빛내야 할 이름들이다.

가을비

가을비 맞으며
걷는 길이 너무 호젓하네

비 내리는 길가에
산만하게 불어오는 바람

코스모스가 한들거리고
그리운 얼굴이 멀어져가네

노란 우산 받쳐 들고
저기 저어기 가누나

힘겹게 쓸쓸하게 걸어가는
여름 장맛비에 놀랐던 그녀.

봄나들이

봄이 절정인데
겨울꽃 동백이
유채꽃, 벚꽃 더불어
꽃의 향연을 이루네

하늘도 푸르고
구름도 흐르고
싱그러운 자연 속에

단비가 내려
꽃비가 되고

마음의 위안으로
녹산로 꽃길이 좋아
꽃길 따라 봄나들이 가고

세상도
봄의 기운 속에

찬란한 기쁨으로
삶을 찬양하며
푸르름의 역동을 내보이네.

* 녹산로: 제동목장(녹산장)과 표선면 가시마을 간 도로. 해마다 유채꽃 잔치가 열리며, 길 따라 벚꽃도 만개해서 장관을 이룸.

너에게 나를 보내는 서정(抒情)

김효선(시인)

 이 글은 시에 대한 해설이라기보다는 우주의 삼라만상을 대하는 방식이라고 할 수 있을 것이다. 매일 수많은 시집이 쏟아져 나오고 거기엔 또 다양한 색깔이 묻어 있다. 좀 더 새롭고 좀 더 낯선 세계로 가는 방식. 어쩌면 우리는 그것이 문학이 추구하는 방향이라고 생각하기도 한다. 하지만 인류의 다양성만큼이나 문학에도 다양성이 존재하기 마련이다. 무엇이 옳고 그르다기보다는 각자의 방식으로 나름의 해석을 덧붙여 생각한다. 보편적인 기준을 말하기도 하지만 그 역시 모두의 기준은 아닐 수 있다. 세상이 변하는 것만큼 인간이 사는 방식도 변할 수밖에 없다. 그 변화의 흐름에 좇아가는 일이 때론 버거워 나를 둘러싼 세계에 무관심으로 대체하기도 한다.
 그렇다면 '시'는 어떤가. 시인이 많은 것도 사실이지만 시를 읽지 않은 사람들도 많다는 사실은 변함이 없다. 시에 접근하는 방식이 많이 달라지긴 했지만 여전히 다른 재밋거리에 눈을 돌리는 사람들이 많다. 영상이 넘쳐나는 시대를 대변한다. 어쨌든 그런 시대의 흐름에 모두가 좇아가는 것은 아니다. 이미 친숙한 것들, 그 오래된 편안함이 주는 아늑, 심장에서 녹아내리는 감정 같은 것들이 있다. 그것들은 오랫동안 내 안을 휘감고 있었던 것들이다. 그리고 우리는 그것을 에둘러 서정(抒情)이라고 부른다. 서정은 정(情)을 펼친다는 의미다. 情을 펼치는 방법도 시인에 따라 다양하게 존재하는데 정을 펼치는 주체를 서정적 자아라고 부른다. 서정적 자아는 '주관과 객관, 감정과 이성이 구분되지 않은 상태, 세계와의 접촉 없이도 존재하는 자아'(김준오, 『시론』)를 말한다. 어떤 것으로 구분 지을 수 없는 감정이기도 하지만 인간의 오감으로 느낄 수 있는 정서이다. 여기 서정에 귀속된 시인의 목소리가 있다.

사물, 그 무정하고 다정한

정(情)을 쏟아내는 방법으로 시에서 가장 많이 사용되는 것이 사물이다. 시집에 사물이 빠져 있는 시는 거의 없다고 볼 수 있다. 그만큼 사물은 인간과 가장 가까운 불가분의 관계다. 그렇다면 서정은 어떻게 시가 될까. 또다시 김준오에 따르면 "서정시는 대상의 재현이 아니라, 자기표현이다. 서정 형식은 세계에 대한 것이라기보다는 '자기 자신'에 대한 직접적 관계 속에 자신의 이미지들을 제시한다."라고 하였다. 자신을 표현하기 위해 사물을 빌려오는 형식이지만 분리되지 않는다. 따로이면서 하나의 모습을 갖는 것이다. 특히 '달'은 비추는 역할, 내려다보는 역할은 통해 자신을 투영하기도 한다. 객관적인 거리를 유지하면서 한편으론 자기 자신을 비추는 거울이다. 또 달은 만물의 잉태와 더불어 인간 세계를 관장하는 신적인 존재자로 자리한다. 그 거대한 신적 사물에 자기를 표현한다는 것은 그것이 가진 다양성과 신비성 때문일 것이다.

> 봄날처럼 포근한
> 모두가 잠든 이른 새벽
>
> 초가지붕 위에 반달이 걸려 있었다
>
> 반달은
> 아무도 모르게 눈물을 접어놓은 흔적
>
> 동쪽 하늘에서 떠서
> 고요히 달려온 하현달이있다
>
> 보는 이 없는 자정에 떠서
> 새벽길을 총총(悤悤) 달려온 얼굴
>
> 그렇게 환하지는 않게
> 그러나 외롭지는 않게
>
> 내 마음 가는 곳 따라
> 살갑게 손 흔들고 있다
> ―「고요히 달려온 하현달」 전문

하필 '하현달'이다. 하현달은 우리가 보는 방향에서 왼쪽이 둥근 모양일 때를 말한다. 자정에 떠서 이른 아침에는 남쪽 하늘에서 보이고, 정오에 떠 있다가 서쪽 하늘로 지는 반달이다. 하현달이 점점 작아져서 그믐달이 된다. 상현달과 하현달이 있는데 왜 하현달일까. 그믐으로 간다는 것은 달의 모습이 차츰 보이지 않는다는 말이다. 원래 있던 것이 보이지 않게 되었을 때 우리는 '이별'이거나 '죽음'이라고 부르기도 한다. 짧게 혹은 아주 길게 보지 못한다. 시인이 어떤 사물의 이름을 부른다는 건 그 안에 다양한 감정이 묻어 있는 까닭이다. '반달은/아무도 모르게 눈물을 접어놓은 흔적'이라든지 '그렇게 환하지는 않게/그러나 외롭지는 않게' 등에서 서정적 자아의 투영을 살펴볼 수 있다. 반달은 온전하지 못한 상태. 즉 보름이 완전체라면 반달은 반쪽만 남겨진 상태를 말한다. 내 마음이 사물에 투영된 형태이다. 마음이나 심정이 지극한 상태에 이르면 만물 역시 지극한 마음을 닮는다. 사물의 상태가 곧 나의 상태를 흡수한 결과다. 사물에 내 감정을 이입하거나 정서가 옮겨간 전이의 단계라고 할 수 있다. 다음 시에서도 사물로 옮겨간 '나'의 정서가 드러난다.

아침이면
눈인사로
찻잔을 부딪치며

나누던 인사가 있다
"오늘도 건강 합시다"

둘이 살다
어느 봄날

찻잔 하나만 덩그러니 놓여 있네

그림자가 곁에 앉아
있는 사람 흉내를 내는데

찻물은 줄어들지 않고
어둠이 와서 고이네
— 「외로운 찻잔」 전문

그렇다. 어느 날 우리는 함께 마시던 찻잔이 하나만 남게 된다. 부부가 아니더라도 친구, 친척 혹은 지인들이 하나씩 자리를 비운다. '없음'의 세계를 경험할 때 우리는 상실과 맞닥뜨리게 된다. 그 빈자리에서 느껴지는 공허가 사물로 옮겨간다. 사물은 서정적 자아가 투영된 물질이다. 새로운 생명을 얻은 나로 대체된다. 이 시에서는 '찻잔'이 그 역할을 담당한다. 나와 가깝게 지내던 사람처럼 찻잔 역시 함께였던 사물인 까닭이다. 상대와 나를 연결해 주는 이음의 자세가 바로 '찻잔'이다. 이제 '찻잔'은 서정적 자아인 '나'와 같은 처지에 놓이게 된다. 그럼으로써 시의 분위기는 전체적으로 통일된 하나의 '공허'와 '외로움'을 소지하게 된다. 다음 시에서도 존재하던 상대의 이탈된 모습을 통해 한 세계의 정적을 발견할 수 있다.

벽시계가 가다 말다
길 잃은 강아지처럼 낑낑대길래

배터리를 갈았더니
목적지가 생긴 것처럼
째깍째깍 제 갈 길을 가는데

인생에도 배터리를 갈아 끼우면
시들던 심장이 다시 뛰면서
새봄을 맞았으면

꽃 피고 새 우는 소리 째깍째깍 들려오고
맞잡은 두 손을 째깍째깍 흔들어대면서

시계는 그렇게 하나의 지구가 되고
지구는 어머니 손에서 째깍째깍 돌아가고.
_「멈춰 선 벽시계」전문

  벽시계가 어느 날 멈췄다는 사실은 배터리를 다시 갈아 끼울 시기가 되었다는 뜻이다. 하지만 시인은 벽시계를 통해 '인생'을 돌아본다. '시들던 심장이 다시 뛰면서/새봄을 맞았으면' 하는 소망이 벽시계에 깃들어 있다. 이 시에서도 여전히 상실감이 묻어난다. '꽃 피고 새 우는 소리 째깍째깍 들려오고/맞잡은 두 손을 째깍째깍 흔들어'댄다는 것은 삶의 시계도 제대로 돌아가고 있다는 소리다. 하지만 이 두 행에서 느낄 수 있는 정서는 화자의 바람일 뿐이다. 그런 시간들이 이제는 사라지고 없다는 뜻을 내비치고 있다. 언어에는 자기 암시가 들어있다. 그 암시에 걸려들면 언어가 언어를 끌고 들어온다. 글을 쓰는 사람들은 시마(詩魔)라 부르기도 한다. 바로 그런 지점에 있는 문장이 아닐까.

'인생에도 배터리를 갈아 끼우면/시들던 심장 다시 뛰고/새봄을 맞았으면'하는 마음은 인간의 가장 근원적인 생로병사와 맞닿아 있다. AI가 등장하는 시대라고 하지만 심장이 뛰는 순간을 설명할 수는 없을 것이다. 과거가 쌓여서 불러일으키는 다양한 감정들의 집합소인 까닭이다. 이렇게 '시계'에서 비롯된 감정은 '나'로 전달되고, 다시 '지구'에서 '어머니'로 연결된다. 결국 인간은 하나의 구(球)에서 벗어날 수 없다. '시계', '심장', '지구', '어머니'는 그렇게 하나의 구를 상징한다. 돌고 돌아 결국 같은 자리에서 존재의 탄생과 신비를 깨닫게 되는 이치이다. '시계'는 인간에 의해서 만들어진 인위적인 사물로 인생의 시간과 맞닿아 있다. 시계에 의해 인생이 움직이고 돌아간다. '시계'는 결국 '지구'를 움직이는 사물이다. 시인은 그 작은 사물이 인생을, 우주를 움직이는 열쇠임을 포착한 것이다. 그러나 시인의 시계는 한 사람에 의해 여전히 멈춰 있다.

사랑은 어느 날 외다리를 짚고

이 시집에서 가장 많이 차지하고 있는 정서는 그리움 혹은 외로움이다. 그것이 비롯된 출처는 '아내'라고 볼 수 있다. 아내가 오랫동안 병상에 누워 있다 돌아갔음을 짐작하는 시구들이 군데군데 발견된다. 그 절절한 마음이 시에 녹아 흐르기 위해 시인은 다른 목소리를 빌려온다. 최초의 서정시라고 불리는 유리왕의 '황조가'에서처럼 '새'를 불러오기도 한다. 우리가 익히 잘 알고 있는 황조가 "펄펄 나는 저 꾀꼬리 / 암수 서로 정다운데 / 외로워라 / 이 내 몸은 / 뉘와 함께 돌아갈꼬?"(翩翩黃鳥/雌雄相依/念我之獨/誰其與歸)는 화희와 치희 두 여인의 이야기가 배후에 깔려있다는 말도 있지만 어쨌든 사랑하는 이가 떠나버림을 탄식하는 노래다. 사랑을 잃어버린 사람들의 심정을 그대로 대변하는 것이 서정시의 기원이라고 한다면 강태훈 시인의 시에서도 그런 감정이 고스란히 전해진다.

어슴푸레 동이 틀 무렵
새들의 합창으로
숲속의 산사는
화들짝 깨어나고

새벽부터 사람들보다
먼저 부지런을 피우더니

아늑한 숲에서
구성진 노래가
간단없이 정답게 들려오네

어느새 여름철
길고 긴 하루해도
저물어가면서
새들도 둥지를 찾아드는데

짧은 여름밤도
눈에 보이게
점점 깊어만 가고

산사도 나무숲도
영원처럼 고요히
어둠 속으로 묻혀가네.
— 「새들의 합창」 전문

　새는 고대의 시조로 흘러간다면 하늘과 지상의 세계를 연결해 주는 신적인 모티프이다. 시에서 '새'를 이야기할 때 그런 이미지와 세계를 염두에 두고 쓰는 경우도 많다. 그렇다면 이 시에서 '새'는 어떤 의미로 읽을 수 있을까. 이 '새'로 인해서 아침이 깨어나고 산사가 깨어나면서 하루가 시작됨을 알린다. 또 뒷부분에 가서는 '산사도 나무숲도/영원처럼 고요히/어둠 속으로 묻혀가네.'를 통해 하루를 마감하기에 이른다. '새'가 있음으로 해서 산사도 살아있음을 느끼게 된다. 하지만 '새'가 사라짐으로 인해 산사 역시 어둠에 묻히는 형태가 된다. 역동성과 정적은 서로 다른 소리이면서 같은 내면을 지향하기도 한다. 한 몸에서 흘러나오는 감각과 정서는 시간에 따라 날씨에 따라 그날의 풍경에 따라 달라지기도 한다. 사랑을 잃어버렸다고 해서 그 슬픔만으로 매일매일을 보낼 수는 없다. 아침에 '새'와 함께 살아있음을 느끼다가도 어둠이 깔리면 살아있음이 다시 묻혀버리기도 한다. 하지만 그런 삶의 반복성 혹은 역동성으로 인해 살아가야 할 힘을 얻는 것이다. '새들의 합창'이라는 제목을 붙인 이유도 어쩌면 그런 자연의 합창 속에서 마음의 고요를 찾고 싶은 건 아닐까. 다음 시에는 더더욱 그런 간절함이 그려진다.

　　벚꽃이 활짝 필 무렵

병원 응급실로 실려 갔는데

꽃잎 지고 푸른 잎 무성해도
병실을 떠나지 못하고

창은 그저 창일 뿐
사각의 틀에 갇혀 있는 풍경일 뿐
아름다운 것들은 다 멀리 있습니다
(…중략)

병원을 제집 드나들 듯
한평생을 살아온 그녀가

오랜 삶의 연륜에서
얻은 집념이 있다면
무너지지 않고 굳세게 버티는 일입니다

그녀의
오롯한 단 하나의 바람은

저 아름다운 산과 바다
자연 속으로 소풍 가듯
가벼운 마음으로 여행을 떠나는 것
(…중략)
— 「그녀의 눈물」에서

그리움의 사전적 정의는
"보고 싶어 그리는 마음"이라고 했습니다

(…중략)

십여 년 전에
아들이 사는 미국에 갔다가
캐나다 여행을 다녀오는 길에

어느 폭포 주변에서
조약돌 몇 개를 주워 왔습니다

주운 장소와 날짜를 적고
기념으로 보관하고 있었는데

"여보, 그때 주어온 조약돌 생각이
갑자기 나네요."

"아, 조약돌은 집에 그대로 있소.
미국에 있는 손주들 생각이 나서이겠지요."

"여보, 또 당신이 정원에 기념으로 심은
동백나무 잘 관리해야 합니다."

(…중략)

산에 들에 귀여운 야생화 군락
물소리 새소리 벗 삼아
여기저기 지천으로 화사하게 피었구려

너무나 아름다운 꽃이지만
달도 차면 기울듯이 예쁜 꽃들도
낙화의 운명은 피할 수 없는 것

(…중략)
그러나 이렇게 알 수 없는

사별의 아픔과
슬픔은 어디서 오고
어디로 가고 있는 것일까요

그대여! 부디
무거운 짐을
홀가분하게 내려놓고

자비의 품속에서
영겁의 세월 평안을 누리소서
여보 사랑합니다
생명 다하도록 기억될 것입니다.
— 「그리움은 그리움을 낳고 - 아내를 추모하며」에서

이 두 시는 아내에 대한 절절함이 그대로 표현되어 있다. 사랑하는 사람을 잃은 마음은 어떤 사물로 대체할 수 없다. 롤랑 바르트의 말을 빌리면 사랑의 완성이라는 것이 있다면 '죽음'을 통해 기억으로 환원되는 일이라는 것이다. 사랑이라는 말에는 말로 형용할 수 없는 온갖 감정들이 포함되어 있다. 거기에 완성이라는 말을 붙이려면 '죽음' 다음에 일어나는 기억의 환원들로 그것들이 어떻게 나와 나의 세계를 포함한 우주를 감싸고 있는지를 느낄 때 비로소 사랑의 완성이라는 표현이 나온다는 것이다. 시인은 병상에 누워 있는 '아내'가 되어 말한다. '창은 그저 창일 뿐/사각의 틀에 갇혀 있는 풍경일 뿐/아름다운 것들은 다 멀리 있습니다'라고. 공감이라는 말은 상대의 감정에 들어가 직접 체험해 보는 일이다. 물론 비가시적인 영역이겠지만. 그리고 상대의 마음을 확인한다. '오랜 삶의 연륜에서/얻은 집념이 있다면/무너지지 않고 굳세게 버티는 일입니다'라고 말이다. 고통을 함께 느끼고 이겨내겠다는 집념이 서로에게 전이되고 있다. 그런 집념을 내려놓을 때 비로소 '그리움의 사전적 정의는/보고 싶어 그리는 마음이라고 했습니다'라고 담담하게 정의하게 된다. 미련이 남아있는 마음조차 헤아리다 보면 '아, 조약돌은 집에 그대로 있소./미국에 있는 손주들 생각이 나서이겠지요.'라든지 '여보, 또 당신이 정원에 기념으로 심은/동백나무 잘 관리해야 합니다.', '산에 들에 귀여운 야생화 군락/물소리 새소리 벗 삼아/여기저기 지천으로 화사하게 피었구려'라는 시구들이 저절로 쓰인다. 독백이면서도 방백인 셈이다. 이제 시인은 독백을 더 많이 하겠지만 그것은 독백이 아니라 방백이 될 것이다. 아내를 앞에 두고 수없이 많은 이야기를 하게 될 것이다. 어쩌면 이 시집에 나오는 시들이 그런 방백의 첫 시작일 수 있다. 시를 쓴다는 것 자체가 내가 만든 화자를 통해 말을 하게 하는 장치이다. 결국 그 화자는 나이면서 내가 아니지만 듣는 이는 불특성 나수일 수도 특정인일 수도 있기 때문이다. 그렇게 시인은 자신과 비슷한 화자를 내세워 '너무나 아름다운 꽃이지만/달도 차면 기울듯이 예쁜 꽃들도/낙화의 운명은 피할 수 없는 것'이라고 에둘러 방백하는 것이다.

나, 다음에 올 식물들

이 시집에는 특히 식물들이 많이 등장한다. '호박꽃,

보시의 머쿠실낭, 풀씨, 나와 동백나무(1), 청보리밭에서, 대숲 찬가, 엉겅퀴, 목련꽃 지듯, 미나리의 향기, 기생 넝쿨, 조록나무(1), 질경이 사랑(1), 노거송, 미나리의 향기(2), 한라산 단풍, 와싱토니아, 조록나무(2), 질경이 사랑(2), 흰꽃배롱나무, 만추의 멀구슬나무, 나와 동백나무(2)' 등 이외의 다른 제목에도 식물들이 간간이 출연한다. 시는 언어로써 세계를 이야기하는 사람이다. 어떤 어휘를 쓰는지 어떤 사물을 호명하는지에 따라 그 세계를 짐작할 수 있다. 우리가 사는 세계에서 자연은 빼놓을 수 없는 시적 소재이자 시적 대상이다. 대부분 시집에서 식물을 발견하는 일은 어렵지 않다. 하지만 이렇게 많은 소재로 식물이 등장한다는 건 숨겨진 의도가 있다는 뜻이다. 어떤 한 세계를 풀어내기 위해 이렇게 많은 이름을 불러야만 하는 이유다.

  호박꽃도 꽃이냐고
  비아냥거리면서
  촌스럽다고 손가락질해도

  오히려 그 촌스러움이 수더분해서
  잔정이 가는 꽃이다

  (…중략
  후덕한 사람처럼
  볼수록 여유가 있고

  풍요로운 자태에

경이감마저 드네
_「호박꽃」부분

수많은 나무 중에서
멀구슬나무를
좋아하는 이유가 있다

(…중략)

한겨울에는
겨울새들의 먹이를 위해
모든 이파리를 떨궈버리고

나목이 되면서까지
신선하고 고운
열매를 매달고 있다

낭이여, 모든 것을 내어주는
보시(布施)의 머쿠실낭이여
포근한 이웃집 삼춘 같은 나무.
— 「보시(布施)의 머쿠실낭 _멀구슬나무에게 그리움을
 묻다 12」에서

여름철 작열하는 태양 아래
살랑대는 미풍의 도움 속에

매혹적인 자줏빛 얼굴
정열적인 통꽃으로 피어나

풀꽃과 키 재기 하느라
비범한 자세로 웃고 섰네

너무나 강한 생명력으로
뾰족한 가시를 방패로 삼아.
—「엉겅퀴」전문

매서운 한파에도
아름답고 청순한 꽃을
핏빛으로 피워내고

분분한 눈발 속에서도
느긋한 꽃 내음이
동박새를 불러오게 하네

그리고 싱싱할 때
꽃송이째 툭툭 떨어져
다시 핀 꽃 같은 순수의 꽃

그 옛날
가시마을에 있었던 집에
4.3때 비명에 가신 아버지가
정원수로 키우셨던 동백나무처럼

(…중략)

운명처럼 정이 가는
담벼락에 기대선
사랑과 열정의 늘 푸른 동백나무.
—「나와 동백나무(2)」에서

이파리와 뿌리로만
누운 채 하늘만 쳐다보고

아, 푸르름을
더해가는 저 질긴
생명력을 누가 막을 것인가

억압받는 민초의 상징으로
사랑받는 진정한 야생초로

굳건하게 살아가면서
치유의 약풀로
오늘도 해 뜰 날을 기다리네
―「질경이 사랑(2)」전문

  시에서 나타난 식물들은 다 저마다의 특징과 의미를 지니고 있다. 호박꽃은 '촌스러움이 수더분해서/잔정이 가는 꽃이다', 멀구슬나무는 '모든 것을 내어주는/보시(布施)의 머쿠실낭이여/포근한 이웃집 삼촌 같은 나무'이며, 엉겅퀴는 '비범한 자세로 웃고//너무나 강한 생명력으로/뾰족한 가시를 방패로 삼'고 있으며, 동백꽃은 '매서운 한파에도/아름답고 청순한 꽃을/핏빛으로 피워내'는 꽃이다. 질경이 또한 '굳건하게 살아가면서/치유의 약풀로/오늘도 해 뜰 날을 기다리'는 식물이다. 식물에 인간적인 면을 대입하는 것은 대상을 통해 내가 얻고 싶은 것이다. 대상을 어떻게 바라보느냐에 따라 그 사람의 성격이나 태도를 짐작할 수 있는 것처럼. 시인은 식물을 하나의 생명으로 보고 있으며, 전이(轉移)의 대상으로 바라본다. 막스 피카르트는 '침묵은 자기 안에 들어 있는 사물들에게 자신의 존재가 가지고 있는 힘을 떼어준다. 사물의 존재성은 침묵 속에서 더욱 강력해진다. 사물들이 가지고 있는 발전 가능한 요소는 침묵 속에는 존재하지 않는 것 같다'(『침묵의 세계』)고 하였다. 시인의 내면을 전이한 화자는 식물이라고 할 수 있다. 그렇기에 화자는 존재의 대상으로 시인 대신 말을 한다. 내뱉은 말들은 궁극적으로는 시인이 원하는, 욕망하는, 추구하는 세계다. 그 세계를 구축하기 위해 끊임없이 나의 침묵을 사물(식물)들에게 이식하고 이입한다. 침묵은 말하지 않는 것이 아니라 전이를 통해 전달하는 힘이라고 볼 수도 있을 것이다. 결국 시인은 홀로된 개인의 서정을 오롯이 다른 대상으로 전이시켜 발설하게 하는 존재라 하겠다.

강태훈 시인의 시는 먼저 떠나버린 아내의 영혼과의 대화이며, 그것이 현실을 받아들이기 위한 자기 주기도문 같은 것은 아닐까 생각한다. 따라서 강태훈 시인의 시집 전체에서 보이는 하나의 이미지는 '너에게 나를 보내는 서정(抒情)'이라고 할 것이다. '나에게 너를 보내는 서정(抒情)'이라고 할 수도 있지만 이 시집은 아내에게 '나'의 존재를 끊임없이 확인시키는 결과물이다. '떠남'과 '남아 있는' 관계 맺기라 할 것이다. 인간의 영혼은 어디로 귀속되는지 모르지만 살아남은 자는 끊임없이 그 영혼을 위로하고 불러들임으로써 현재의 삶을 이어간다.